Que fait le canard quand il plonge sa tête dans l'eau ?

⭐ il se rafraîchit

⭐ il se lave

⭐ il cherche de la nourriture

😊 *il regarde les belles gambettes des femelles qui passent par là*

Comment réagit le caneton si sa m... mo...

⭐ quel autre animal présent comme sa propre maman

⭐ il essaiera de la retrouver

⭐ il essaiera de se débrouiller tout seul comme un grand

Le bord des ailes des hiboux est très doux. Pour quelle raison ?

⭐ pour pouvoir faire de douces caresses à ses petits

⭐ pour pouvoir approcher ses proies sans faire de bruit

⭐ pour pouvoir voler plus vite

Comment distingue-t-on un hibou d'une chouette ?

⭐ grâce aux touffes de plumes qui ornent sa tête

⭐ grâce à ses grands yeux fixes

⭐ il n'y a pas de différence visible

Comment s'appelle le petit de la vache ?

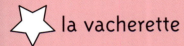 la vacherette

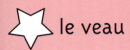 le veau

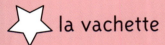 la vachette

Dans quel pays la vache est-elle sacrée ?

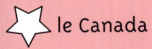 le Canada

 l'Australie

 l'Inde

Qu'est-ce que le coq n'accepte pas ?

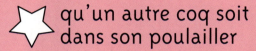 qu'un autre coq soit dans son poulailler

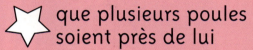 que plusieurs poules soient près de lui

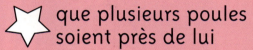 qu'un homme soit dans son entourage

Que fait le coq très tôt le matin ?

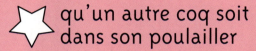 il court tout autour du poulailler

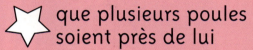 il se tient sur une patte

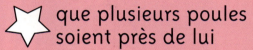 il chante

À quoi sert le museau allongé du hérisson ?

 à mieux sentir

 à déloger les insectes qui se cachent dans les trous

 à assommer les petits insectes

 à pouvoir se moucher plus facilement

Que fait le hérisson quand il se sent menacé ?

 il redresse ses piquants et se roule en boule

 il fait le mort

 il grimpe aux arbres

Quel est le cri du corbeau ?

☆ le croassement

☆ le coassement

☆ le corbeaussement

Le plumage du corbeau peut-il être blanc ?

☆ oui, chez certaines espèces de corbeaux

☆ oui, au moment de la naissance

☆ non, jamais

Comment s'appelle le mâle de la chèvre ?

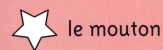 le mouton

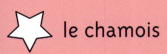 le chamois

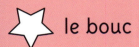 le bouc

Comment s'appelle la laine très douce faite avec le poil de certaines chèvres ?

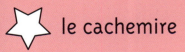 le cachemire

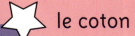 le coton

 le tricot

Le cochon mange de tout. On dit donc de lui qu'il est :

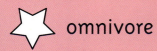 omnivore

⭐ un mange-tout

⭐ carnivore

⭐ glouton

Qu'est-ce qui est spécialement développé chez le cochon ?

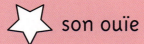 son ouïe

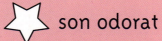 son odorat

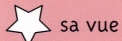 sa vue

Quel est le cri du dindon ?

 le glouglou

 le couroucourou

 le coucou

Le dindon :

 est incapable de voler

 peut voler sur de courtes distances

 peut voler très longtemps

Le renard :

 vit et chasse toujours en groupe
 vit seul mais chasse toujours en groupe
 vit et chasse seul

Quelle est la réputation du renard ?

 il est paresseux
 il est rusé
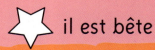 il est bête

Comment distingue-t-on la femelle faisan du mâle ?

 elle a la même taille mais elle est plus terne

 elle est plus grande et plus colorée

 elle est plus petite et plus terne

Les faisans sont tous originaires :

 d'Afrique

 d'Asie

 d'Europe

Comment distingue-t-on un lièvre d'un lapin ?

 il a de plus grandes oreilles et des pattes postérieures plus longues

 il a de plus grandes pattes antérieures et postérieures mais de plus petites oreilles

 il a de plus longues dents

Pourquoi le lièvre ronge-t-il sans arrêt des carottes ou autres aliments ?

 parce qu'il ne peut manger que des tout petits morceaux

 parce qu'il est très nerveux et que cela le calme

 pour user ses incisives qui poussent en permanence

Comment la chouette chasse-t-elle ?

 elle capture ses proies au sol

 elle les attrape en plein vol

★ elle se cache et surprend sa proie où qu'elle soit

Combien d'espèces de chouettes et de hiboux existe-t-il ?

★ 7 espèces

 70 espèces

 170 espèces

Le rat est-il un animal dangereux ?

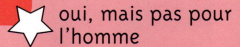 oui, mais pas pour l'homme

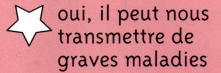 oui, il peut nous transmettre de graves maladies

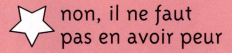 non, il ne faut pas en avoir peur

Quel est l'autre nom pour le surmulot (espèce de rat la plus répandue) ?

⭐ le rat d'égout

⭐ le rat des toilettes

⭐ le rat des caniveaux

Comment distingue-t-on le cygne mâle du cygne femelle ?

 il a un plumage plus jaune

 il a une bosse à la base de son bec

 il n'y a pas de différence

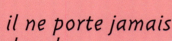 *il ne porte jamais de robe*

De quelle couleur sont les plumes des jeunes cygnes ?

 grise

 blanche

 noire

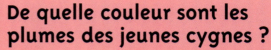

Où vivent les abeilles ?

☆ dans une ruche ☆ dans un terrier ☆ dans une fleur

Combien d'ailes possède une abeille ?

☆ 2
☆ 4
☆ 6

Qui pond les œufs chez les abeilles ?

☆ toutes les femelles
☆ les plus vieilles femelles
☆ une seule femelle (appelée la reine)

Comment s'appelle l'oie la plus répandue ?

☆ l'oie des neiges

☆ l'oie cendrée

☆ l'oie d'Égypte

Lorsque les oies se déplacent en bande, elles forment ensemble une lettre. Laquelle ?

☆ V   ☆ X   ☆ W

Comment s'appelle le mâle de l'oie ?

☆ le pars   ☆ le sars   ☆ le jars

Comment s'appelle le petit du mouton ?

 l'agneau   la brebis   le moutonnet

Qui garde les troupeaux de moutons ?

 les nomades   les bergers   les agriculteurs

Où la mouche pond-elle ses œufs ?

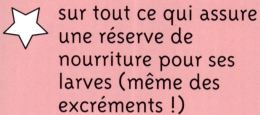 sur tout ce qui assure une réserve de nourriture pour ses larves (même des excréments !)

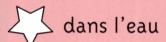 dans l'eau

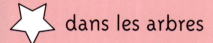 dans les arbres

Quelle maladie la mouche peut-elle transmettre ?

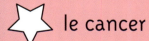 le cancer

 la varicelle

 le choléra

Quelle est la particularité de la chauve-souris au sein du groupe des mammifères ?

 c'est le seul mammifère capable de voler

 c'est le seul mammifère vivant dans des grottes

 c'est le seul mammifère mangeant des insectes

 c'est la seule souris sans cheveux (chauve)

Quels sons émet la chauve-souris ?

 des sons très mélodieux, agréables à écouter

 des sons que l'oreille humaine ne peut pas percevoir

 des sons très stridents qui donnent mal à la tête

Comment les crapauds attrapent-ils les petits invertébrés dont ils se nourrissent ?

 en projetant leur longue langue collante

 en se couchant dessus pour les étouffer

 en les assommant d'abord d'un bon coup de patte

Comment est la peau des crapauds ?

 lisse et humide

 pleine de verrues et humide

 pleine de verrues et sèche

La guêpe est-elle un insecte prévoyant ?

☆ non, elle ne fait pas de réserves

☆ oui, elle fait des réserves de nourriture pour 5 ans au moins

☆ oui, elle fait des réserves de nourriture pour passer l'hiver

 oui, elle met toutes ses économies sur son compte d'épargne

De quoi est constitué le nid de la guêpe ?

☆ de boue et d'herbe

☆ de papier mâché mélangé à de la sève

☆ de bois mâché mélangé à de la salive

Comment appelle-t-on le cheval mâle ?

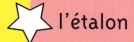 l'étalon

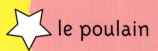 le poulain

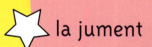 la jument

Dans quelle position le cheval dort-il en général ?

 assis

 couché

 debout

La libellule est :

 l'un des plus récents insectes sur terre

 l'un des plus anciens insectes sur terre

 l'un des plus petits insectes sur terre

Laquelle de ces 3 affirmations est fausse ?

 elle peut voler à reculons

 elle peut voler sur place

 elle ne peut voler qu'un jour sur deux

Qui chasse chez les lions ?

⭐ la femelle

⭐ le mâle

⭐ le mâle et la femelle ensemble

😊 aucun des deux, ils préfèrent acheter leur viande au magasin

Comment appelle-t-on le lion ?

⭐ le roi des animaux

⭐ le serviteur des animaux

⭐ le prince des animaux

Les éléphants se roulent dans la boue pour se protéger contre la chaleur et contre :

 les piqûres d'insectes

 le froid de la nuit

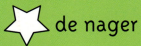 les coups de leurs congénères

Les éléphants sont incapables :

 de nager

 de courir

 de sauter

L'éléphant est :

 le plus gros animal terrestre

 le plus dangereux

 le plus lent

Comment cette gazelle prend-elle la fuite ?

 en courant tout droit

 en marchant en zigzag

 en sautant et en zigzaguant

Les gracieuses cornes de cette gazelle :

 poussent sans cesse et ne tombent jamais

 poussent sans cesse et tombent vers la fin de sa vie

 s'arrêtent de pousser vers 5 ans et ne tombent jamais

L'hippopotame passe sa journée à :

☆ chasser ☆ se reposer et à dormir ☆ se laver

Le nom "hippopotame" vient du grec et signifie :

☆ chien de mer ☆ cochon d'Afrique ☆ cheval du fleuve

Comment la girafe dort-elle ?

 assise

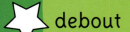 debout

⭐ couchée

Quand la girafe est-elle le plus en danger ?

⭐ quand elle se promène

 quand elle mange les hautes feuilles des arbres

 quand elle boit

😊 quand elle boit et conduit juste après

Le condor est capable de :

⭐ rester en vol pendant des heures sans battre des ailes

⭐ grimper en haut des arbres à l'aide de son bec crochu

⭐ creuser des trous de 10 mètres pour y installer son nid

Le condor a surtout :

⭐ un très bon odorat

⭐ une vue perçante

⭐ une ouïe très fine

Les rayures des zèbres sont :

 différentes pour chaque zèbre
 les mêmes pour tous
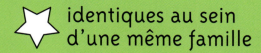 identiques au sein d'une même famille

Le zèbre est un animal :

 qui a été domestiqué depuis peu dans certains pays
 domestique
qui ne s'est jamais laissé domestiquer par l'homme

Quel adjectif qualifierait le mieux le zèbre ?

 peureux
 agressif
 courageux
 fatigué (car il est toujours en pyjama)

Lorsque le phacochère court :

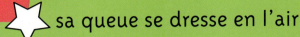 sa queue se dresse en l'air

 ses oreilles se redressent

 il devient tout rouge

Comment distingue-t-on le mâle de la femelle ?

⭐ le mâle porte 2 paires de grosses verrues sur les joues

⭐ le mâle a une paire de défenses en plus

⭐ le mâle est plus petit

L'autruche peut-elle voler ?

 oui, elle vole souvent

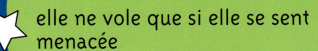 elle ne vole que si elle se sent menacée

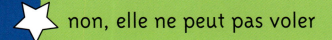 non, elle ne peut pas voler

Un œuf d'autruche équivaut environ à :

 5 œufs de poule

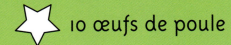 10 œufs de poule

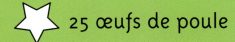 25 œufs de poule

Laquelle de ces affirmations est exacte ? Un léopard est :

 une panthère   un guépard   un jaguar

Que fait le léopard après avoir attrapé une proie ?

 il la mange de suite sur place   il accepte de la partager avec les hyènes et les lions

 il la hisse dans un arbre

Que fait le rhinocéros lorsqu'il se sent menacé ?

 il se cache comme il peut

 il charge

 il se couche et fait le mort

Le rhinocéros a :

 une mauvaise vue

 un mauvais odorat

 une mauvaise ouïe

Quel régime alimentaire a le lycaon ?

 il est herbivore

 il est carnivore

 il est insectivore

Les lycaons vivent en groupes. Comment appelle-t-on ces groupes ?

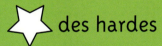 des hardes

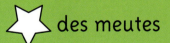 des meutes

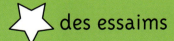 des essaims

Le vautour se nourrit d'animaux déjà morts qu'on appelle des :

 charognes

 prédateurs

 proies

Le vautour peut rester en vol pendant des heures :

 en faisant de nombreux battements d'ailes

 uniquement si ses ailes sont légèrement mouillées

 sans même battre des ailes

À quelle famille appartient le gnou ?

 le gnou est une antilope
 le gnou est un cheval
 le gnou est un buffle

Les gnous se déplacent pour trouver de meilleurs pâturages. Que font-ils s'il y a un énorme fleuve très dangereux à traverser sur leur chemin ?

 ils tentent tous de le traverser
 ils font demi-tour
 ils changent de direction

Cet animal porte le même nom qu'un musulman réputé pour ses pouvoirs magiques. Quel est son nom ?

 marabout

 devin

 guérisseur

Cet animal possède une sorte de sac sous la gorge. Il utilise ce "sac" pour :

 garder ses restes de nourriture pour plus tard

 y transporter ses petits

 parader devant une femelle

Comment vit le babouin ?

☆ en colonie très organisée et hiérarchisée

☆ en colonie égalitaire

☆ seul

Chez les babouins, le mâle :

☆ est deux fois plus grand que la femelle

☆ a la même taille que la femelle

☆ est un rien plus grand que la femelle

Où naît un bébé chacal ?

 dans un arbre

 dans un terrier

 dans l'eau

Le chacal appartient à la même famille que le chien, le renard et le loup. Quelle est cette famille ?

 les chacidés

 les canidés

 les loupidés

Quel est l'autre nom du puma ?

⭐ jaguar   ⭐ couguar   ⭐ panthère

Où vit le puma ?

⭐ il s'est adapté à de nombreux habitats (plaines, forêts, montagnes et déserts)   ⭐ il ne vit qu'en montagne   ⭐ il ne vit que dans les plaines

Le guépard est l'animal :

  le plus maladroit

  le plus rapide

  le plus intelligent

À quoi lui sert sa longue queue ?

  à garder l'équilibre pendant qu'il court

  à se gratter

  à assommer les petits insectes qui le dérangent

Comment s'appelle cette antilope ?

 l'impala  l'imailat 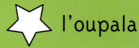 l'oupala

Cette antilope peut effectuer des bonds de combien de mètres de long ?

 1 mètre  10 mètres  20 mètres

Pourquoi le suricate se dresse-t-il sur ses pattes arrière ?

⭐ pour paraître plus grand quand une femelle passe

⭐ pour faire le guet

⭐ pour effrayer ses ennemis

Que fait le suricate lorsqu'il est en danger ?

 il pousse un cri d'alarme pour prévenir ses congénères et tous plongent dans leur terrier

 il plonge tout de suite dans son terrier sans s'occuper des autres

 il reste immobile

 il appelle les secours

Chez les hyènes :

☆ les mâles sont plus grands que les femelles

☆ les femelles sont plus grandes que les mâles

☆ mâles et femelles ont la même taille

De quoi se nourrissent le plus souvent les hyènes ?

☆ d'animaux morts, notamment de restes laissés par les grands félins

☆ d'animaux qu'elles chassent elles-mêmes

☆ de plantes uniquement

☺ *d'un Big Mac avec des frites*

À quel groupe de mammifères appartient le buffle ?

 aux édentés

 aux bovidés

 aux pinnipèdes

Quel genre d'animal est le buffle ?

 plutôt inoffensif

 très inoffensif

 l'un des animaux les plus dangereux qu'on puisse rencontrer

Que fait le porc-épic lorsqu'il se sent menacé ?

☆ il ne bouge plus

☆ il se retourne et marche à reculons

☆ il attaque de front

Le porc-épic :

☆ dort le jour dans un terrier et chasse la nuit

☆ dort la nuit dans un terrier et chasse le jour

☆ dort la nuit dans les arbres et chasse le jour

Dans quel pays le chat était-il adoré en tant qu'animal sacré ?

⭐ en Grèce   ⭐ en Égypte   ⭐ en Italie

Que peut-on dire des chats tricolores au pelage blanc, jaune et noir ?

⭐ ils sont obligatoirement de sexe féminin   ⭐ ils ont tous les yeux bleus   ⭐ ils ne vivent jamais plus de 10 ans

Parmi les 3 noms ci-dessous, lequel n'est pas le nom d'une race de chat ?

⭐ le birman   ⭐ le bichon   ⭐ le siamois

**Quand le chien a-t-il été domestiqué ?
Il y a environ :**

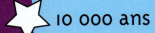 10 000 ans

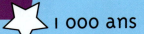 1 000 ans

 100 ans

Lequel de ces 3 sens est le plus développé chez le chien ?

 la vue

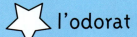 l'odorat

 le goût

Quand le chien dresse ses oreilles, cela signifie :

qu'il a faim

qu'il a soif

qu'il porte une attention particulière à quelque chose

Quel est l'autre nom du cobaye ?

 la souris des tropiques

 le chat du Portugal

 le cochon d'Inde

D'où le cobaye est-il originaire ?

 d'Amérique du Nord

 d'Amérique du Sud

 d'Afrique

Dans la nature, le hamster :

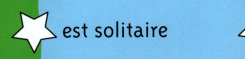 est solitaire
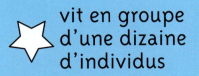 vit en groupe d'une dizaine d'individus
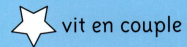 vit en couple

Que fait un hamster sauvage pendant l'hiver ?

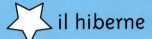 il hiberne
 il mange toute la journée
 il chasse

il skie

?

Comment appelle-t-on la perruche qui vit toujours en couple et dont le mâle et la femelle se témoignent beaucoup d'attachement ?

 l'inséparable

 la fidèle

 l'amoureuse

Combien d'années vit une perruche en moyenne ?

 1 an

 10 ans

 30 ans

L'écureuil est-il prévoyant ?

 non

⭐ oui, il fait des réserves de nourriture qu'il enterre un peu partout

⭐ oui, il fait des réserves de nourriture qu'il dépose dans son nid

Quelle est l'espèce la plus commune ?

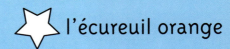 l'écureuil orange

⭐ l'écureuil brun

⭐ l'écureuil roux

Que fait la tortue quand elle est menacée ?

 elle donne des coups de griffes

 elle s'enfuit

 elle se replie dans sa carapace

😊 elle appelle le commissariat de police

Quelle est la pire situation pour une tortue ?

 se retrouver sur le dos

 être seule pendant plus d'une journée

 être sous un soleil ardent

Chez les poissons rouges, la femelle :

 pond des dizaines d'œufs

 pond des milliers d'œufs

 ne pond pas d'œufs mais donne naissance à des petits déjà formés

De quelle origine est le poisson rouge ?

 chinoise

 française

 australienne

Pourquoi appelle-t-on cet oiseau un canari ?

☆ car il ressemble à un canard qui se tient droit comme un "i"

☆ car il est originaire des îles Canaries

☆ car en indien "canari" signifie "chanteur exceptionnel"

Que lui procure l'os de seiche qu'on coince entre les barreaux de sa cage ?

☆ du calcium pour fabriquer la coquille de ses œufs

☆ de l'amusement car il joue avec

☆ une substance calmante qui lui permet de dormir plusieurs heures d'affilée

Quelle est la caractéristique principale des taupes ?

☆ elles ne voient pas bien   ☆ elles entendent mal   ☆ elles ne sentent rien

Combien de temps faut-il à la taupe pour creuser un tunnel de 3 mètres ?

☆ 15 minutes   ☆ 3 heures   ☆ 1 journée

Comment reconnaît-on un papillon de nuit ?

 il n'existe pas de papillons de nuit

 il a des couleurs ternes

 il a des couleurs vives

 on ne le reconnaît pas puisqu'il fait nuit

Combien d'espèces de papillons existe-t-il ?

 1 500

 15 000

 150 000

Pourquoi certains pigeons sont-ils appelés "pigeons voyageurs" ?

☆ parce qu'ils adorent voyager de ville en ville
☆ parce qu'ils reviennent à leur nid quel que soit le lieu où on les lâche
☆ parce qu'ils voyagent sans cesse, sans destination précise

parce qu'ils se font toujours arnaquer quand ils voyagent

Comment appelle-t-on les personnes qui élèvent des pigeons voyageurs ?

☆ des colombophiles ☆ des pigeonophiles
☆ des voyageophiles

Où se trouvent les yeux de l'escargot ?

 sur sa bouche

 nulle part (il ne peut pas voir)

 à l'extrémité de ses 2 grands tentacules

Quelle est la particularité plutôt étonnante de l'escargot ?

 il est en même temps mâle et femelle

 l'intérieur de sa coquille est recouvert de velours

 il saute s'il se sent menacé

Pourquoi les coccinelles ont-elles toujours des coloris vifs ?

☆ pour avertir leurs prédateurs de leur goût déplaisant, voire toxique

☆ parce qu'elles sucent le sang des fourmis

☆ pour séduire l'autre sexe

Cette "bête à bon Dieu" est-elle aimée des jardiniers et agriculteurs ?

☆ oui, car elle se nourrit de pucerons (nuisibles pour les plantes)

☆ non, car elle mange toutes les racines des plantations

☆ oui, car elle s'attaque souvent aux sauterelles dévastatrices

Comment s'appelle le petit issu du croisement d'un âne et d'une jument ?

- ⭐ l'âne
- ⭐ le mulet
- ⭐ le baudet

Quand on dit de quelqu'un qu'il est un âne, que veut-on dire ?

- ⭐ que c'est une personne ignorante et bornée
- ⭐ que c'est une personne gentille et généreuse
- ⭐ que c'est une personne intelligente mais têtue

Quand le paon déploie-t-il sa majestueuse queue ?

⭐ quand il veut attirer une femelle

⭐ quand il est fâché

⭐ quand il vient de se réveiller

D'où le paon bleu que l'on voit dans les parcs est-il originaire ?

⭐ d'Afrique

⭐ d'Asie

⭐ des États-Unis

Comment la sauterelle produit-elle son célèbre chant ?

 en frottant ses antennes l'une contre l'autre

 en frottant ses ailes les unes contre les autres

 en grattant avec ses pattes les branches des arbres

Ce chant est généralement émis au moment de la reproduction par :

 le mâle

 la femelle

 le mâle et la femelle

Le poney est-il un animal costaud ?

☆ oui, il peut tirer 2 fois son poids

☆ oui, il peut tirer 10 fois son poids

☆ non, il n'est pas très fort

Qu'est-ce qui différencie un poney d'un cheval ?

☆ sa taille ne doit pas dépasser 1,50 mètre au garrot (du sol à l'épaule)

☆ sa taille ne doit pas dépasser 1 mètre

☆ ce n'est pas une question de taille mais d'espèces différentes

Comment appelle-t-on le petit d'une souris ?

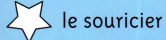 le souricier

le sourimi

le souriceau

Comment vivent les souris ?

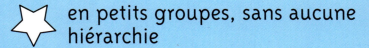 en petits groupes, sans aucune hiérarchie

en petits groupes familiaux dominés par les mâles

complètement seules

Qu'annonce le retour des hirondelles ?

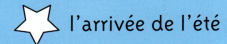 l'arrivée de l'été

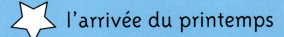 l'arrivée du printemps

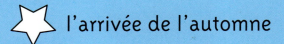 l'arrivée de l'automne

Le vol des hirondelles :

☆ est lent et maladroit

☆ est rapide et agile

☆ n'a lieu qu'exceptionnellement

Chaque colonie de fourmis comprend au moins une reine. Que fait cette reine ?

 elle organise le travail de chacun

 elle pond tous les œufs

elle récolte la nourriture pour l'année à venir

Comment s'appellent les autres femelles qui récoltent la nourriture, s'occupent des œufs et des petits et entretiennent la fourmilière ?

 les ménagères

 les travailleuses

 les ouvrières

À quel groupe de petits mammifères le lapin appartient-il ?

⭐ aux grignoteurs   ⭐ aux mordeurs   ⭐ aux rongeurs

Comment le lapin prévient-il les autres d'un danger ?

⭐ en sifflant très fort   ⭐ en frappant le sol à l'aide de ses pattes arrière   ⭐ en frappant ses oreilles l'une contre l'autre

☺ *en les appelant sur leur portable*

Qui se transforme progressivement pour devenir une grenouille ?

 l'asticot

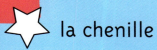 la chenille

 le têtard

Quel est le cri de la grenouille ?

 le coassement

 le grenouillement

 le quincallement

Pour quoi le perroquet est-il très doué ?

☆ pour imiter et répéter des mots ou des sons

☆ pour changer de couleurs en fonction de ses humeurs

☆ pour voler à très haute altitude

De quoi s'aide un perroquet qui veut grimper à un arbre ?

☆ de ses ailes

☆ de rien, car il est incapable de grimper

☆ de son bec dur et fort

Où la femelle crocodile pond-elle ses œufs ?

⭐ dans un trou qu'elle recouvre de terre ou de sable

⭐ sur un lit de feuilles et de branchages

⭐ dans l'eau

Comment peut-on distinguer un crocodile d'un alligator ?

⭐ le crocodile a le museau plus arrondi

⭐ il a le museau plus allongé et les 2 grandes dents situées à l'avant de sa mâchoire sont visibles quand sa gueule est fermée

⭐ il n'y a pas de différence

Quelle substance produit la mygale pour tapisser son terrier ?

⭐ de la soie   ⭐ du velours   ⭐ du cuir

La mygale possède 2 crochets avec lesquels elle injecte un venin. Où se situent ces crochets ?

⭐ à l'extrémité de ses 2 pattes antérieures   ⭐ sur son ventre   ⭐ à l'extrémité de sa langue

Le crotale, comme tous les autres serpents, mue. Qu'est-ce que cela signifie ?

☆ qu'il perd sa peau et qu'une nouvelle peau repousse

☆ que de nouvelles dents poussent

☆ qu'il s'isole du groupe avant de mourir

Le serpent à sonnette produit un son particulier destiné à :

☆ attirer des proies éventuelles

☆ charmer les femelles

☆ dissuader un éventuel ennemi de s'approcher

Pourquoi cet insecte s'appelle-t-il la mante religieuse ?

☆ car quand la mante a ses pattes repliées devant sa tête, elle fait penser à une religieuse en prière

☆ car elle vit isolée comme certains religieux reclus dans leur monastère

☆ car elle aime le sucre, d'où la référence au gâteau « la religieuse »

☻ *car elle va tous les dimanches à la messe*

Que fait la mante religieuse femelle après l'accouplement ?

☆ elle dort pendant plusieurs jours d'affilée

☆ elle reste aux côtés du mâle pendant plusieurs jours

☆ elle dévore souvent le mâle

Que signifie le nom « orang-outan » en malais ?

 le singe orange

 l'homme des bois

 le singe aux longs bras

Où vit l'orang-outan ?

 dans les îles de Bornéo et Sumatra

 au Kenya et en Tanzanie

 en Afrique du Sud

Où vit le gorille la plupart du temps ?

⭐ dans l'eau　　⭐ dans les arbres　　⭐ sur le sol

Que fait un gorille, lorsqu'il est dérangé, pour impressionner l'adversaire ?

⭐ il hurle tout en se frappant la poitrine avec ses mains　　⭐ il fait des culbutes　　⭐ il se met sur la pointe des pieds, les bras en l'air

🙂 *il crie de vulgaires injures*

Quelle est la particularité des caméléons ?

 ils peuvent atteindre 2 fois leur taille pour effrayer leurs ennemis

 ils peuvent changer la couleur de leur peau pour se fondre dans l'environnement

 ils peuvent faire des bonds de plus de 3 mètres de haut

Comment capturent-ils leurs proies ?

 en projetant leur longue langue visqueuse

 en sautant dessus

 en les assommant avec leur queue

Le boa est un serpent :

 venimeux

 non venimeux, il tue ses proies en s'enroulant autour

 non venimeux, il tue ses proies en les mordant

Le boa possède :

 uniquement un palais, il n'a pas de langue

 une langue dont l'extrémité est divisée en deux

 une langue dont l'extrémité est divisée en trois

Le boa est-il un bon chasseur ?

 non, il n'est pas un bon chasseur mais peut rester plusieurs semaines sans manger

 non, il n'est pas un bon chasseur et meurt de faim s'il ne mange pas tous les jours

 oui, il est un très bon chasseur et mange donc tous les jours

Les œufs des toucans sont couvés :

☆ uniquement par la mère

☆ uniquement par le père

☆ par les 2 parents

Le bec du toucan est :

☆ solide et léger

☆ solide et très lourd

☆ fragile et léger

Le toucan niche :

☆ à terre

☆ dans des trous d'arbres

☆ au sommet des plus hauts arbres

Pourquoi, dans les zoos, place-t-on souvent les chimpanzés sur une petite île ?

⭐ parce qu'ils adorent l'eau et y font des pirouettes, ce qui amuse beaucoup les visiteurs

⭐ pour qu'ils puissent pêcher les poissons qui nagent dans l'eau

⭐ parce qu'ils ne savent pas nager et ne peuvent donc pas s'échapper

☺ *parce qu'ils n'ont pas d'argent pour prendre le bateau et ne peuvent donc pas rejoindre la rive*

Combien de temps le bébé chimpanzé reste-t-il dans le ventre de sa maman ?

⭐ 9 mois comme chez les humains

⭐ 3 mois

⭐ à peine 1 mois

Quand le tamanoir trouve un nid de fourmis, il le casse d'abord à l'aide de ses grosses pattes. Que fait-il ensuite ?

 il aspire les insectes

 il les assomme avec son long museau puis les mange

 il plonge sa longue langue gluante dans les galeries

Pourquoi ne détruit-il pas complètement le nid ?

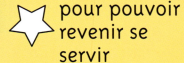 pour pouvoir revenir se servir

 pour laisser quelques fourmis à un autre tamanoir

 parce qu'il est trop paresseux

Le tigre est :

 le seul félin qui voit en couleurs

 le seul félin à voir en noir et blanc

 le félin le plus répandu

Où peut-on trouver des tigres ?

 en Afrique

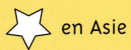 en Asie

 en Europe

Cet animal s'appelle :

⭐ le fainéant

⭐ le déprimé

⭐ le paresseux

Il est, parmi les mammifères :

⭐ le plus lent

⭐ le plus intelligent

⭐ le plus agile

À quel grand groupe appartient l'iguane ? Au groupe des :

 reptiles

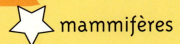 mammifères

 batraciens

Pourquoi les lézards s'exposent-ils au soleil ?

⭐ pour durcir leur peau

⭐ pour se réchauffer

⭐ pour en capter l'énergie

☺ *pour avoir un teint plus bronzé*

Comment s'appelle la célèbre panthère noire du *Livre de la jungle* ?

 Baloo

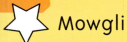 Mowgli

 Bagheera

Le pelage de la panthère noire est :

 en fait, légèrement tacheté

 en fait, légèrement rayé

 complètement uniforme

Sur quelle île trouve-t-on ce type de primate ?

 Madagascar

 Malte

 Cuba

Comment s'appelle cet animal ?

 le tuki maka

 le maki catta

 le taka muki

Que mange le grand panda ?

⭐ des pousses de bambou

⭐ des feuilles de menthe

⭐ des feuilles d'eucalyptus

Combien de doigts possède le grand panda à chaque patte avant ?

⭐ 4 doigts

⭐ 5 doigts

⭐ 6 doigts

Comment le python tue-t-il ses proies ?

 en crachant du venin

 en s'enroulant autour d'elles et en resserrant ses anneaux pour les étouffer

 en projetant sa langue venimeuse sur elles

Que font certains pythons après avoir pondu leurs œufs ?

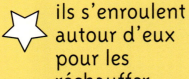 ils s'enroulent autour d'eux pour les réchauffer

 ils les abandonnent à leur sort

 ils creusent un trou et les enfouissent dans la terre

Où la femelle tortue pond-elle ses œufs ?

 sur un lit de brindilles

 dans le terrier d'un autre animal

 dans un trou qu'elle recouvre de terre

au service maternité de l'hôpital le plus proche

Jusqu'à quel âge peut vivre une tortue ?

 plus de 150 ans

 plus de 200 ans

 plus de 250 ans

Le tapir appartient à la famille des ongulés (dont les doigts sont terminés par des sabots), tout comme :

 l'ours

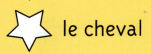 le cheval

 le castor

Quel régime alimentaire a le tapir ?

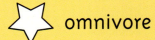 omnivore

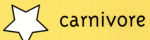 carnivore

 végétarien

Sur quel continent trouve-t-on ce singe appelé gibbon ?

 en Afrique

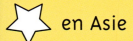 en Asie

 en Australie

Le gibbon :

★ possède une toute petite queue

★ possède une longue queue

★ n'a pas de queue

Le pangolin est le seul mammifère :

- ⭐ à se nourrir d'insectes
- ⭐ recouvert d'écailles
- ⭐ à avoir une aussi longue queue

Pour se défendre, le pangolin se roule en boule, mais il peut aussi :

- ⭐ agiter sa queue couverte d'écailles tranchantes
- ⭐ projeter sa longue langue venimeuse
- ⭐ donner de violents coups de griffes

La vipère est un serpent :

 venimeux

 non venimeux

 rarement venimeux (seules quelques espèces le sont)

La vipère peut-elle être dangereuse pour l'homme ?

 non, jamais

 oui, sa morsure peut être mortelle pour l'homme

 oui, mais sa morsure est mortelle pour les enfants uniquement

Que signifie le nom "koala" dans le langage des Aborigènes d'Australie ?

⭐ l'animal qui ne boit pas

⭐ l'ours en peluche

⭐ l'ours qui n'arrête pas de manger

Que mange le koala ?

⭐ des insectes

⭐ des feuilles d'eucalyptus

⭐ le nectar des fleurs